卅

WITHDRAWN

ABRAHAM LINCOLN

Una biografía ilustrada con fotografías

Texto: T. M. Usel
Traducción: Dr. Martín Luis Guzmán Ferrer
Revisión de la traducción: María Rebeca Cartes

Consultora de la traducción:
Dra. Isabel Schon, Directora
Centro para el Estudio de Libros
Infantiles y Juveniles en Español
California State University-San Marcos

Bridgestone Books
an imprint of Capstone Press
Mankato, Minnesota

Datos sobre Abraham Lincoln
- Abraham Lincoln va a la escuela menos de un año.
- Estudia derecho por sí mismo y llega a ser abogado.
- Es electo el decimosexto presidente de los Estados Unidos.
- Es asesinado por John Wilkes Booth.

Bridgestone Books are published by Capstone Press
818 North Willow Street, Mankato, Minnesota 56001 • http://www.capstone-press.com

Printed in the United States of America.

Library of Congress Cataloging-in-Publication Data
Usel, T. M.
    [Abraham Lincoln, a photo-illustrated biography. Spanish]
    Abraham Lincoln, una biografía ilustrada con fotografías / de T. M. Usel; traducción de Martín Luis
    Guzmán Ferrer.
    p. cm. (Leer y descubrir. Biografías ilustradas con fotografías)
    Includes bibliographical references and index.
    Summary: Presents the life story of the sixteenth president of the United States who is known for ending
slavery in the U.S.
    ISBN 1-56065-806-1
    1. Lincoln, Abraham, 1809-1865—Juvenile literature. 2. Lincoln, Abraham, 1809-1865—
Pictorial works—Juvenile literature. 3. Presidents—United States—Biography—Juvenile literature.
4. Presidents—United States—Pictorial works—Juvenile literature. [1. Lincoln, Abraham, 1809-1865.
2. Presidents. 3. Spanish language materials.] I. Title. II. Series.
E457.905.U8418 1999
973.7'092—dc21
[B]
                              98-7208
                                  CIP
                                  AC

Editorial Credits
Martha E. Hillman, translation project manager; Timothy Halldin, cover designer
Historical Consultant
Steve Potts, Professor of History
Photo Credits
Archive Photos, cover, 4, 6, 8, 12, 14, 16, 18
The Lincoln Museum, Fort Wayne, IN, 10 (Ref. #O-2), 20 (Ref. #O-43)

Contenido

Presidente de una nación dividida

Abraham Lincoln fue presidente durante la Guerra Civil (1861-1865) de los Estados Unidos. En esos tiempos la nación se dividió. El Norte y el Sur se dividieron a causa de los derechos de los estados y la esclavitud. Los sureños querían decidir por si solos el tema de la esclavitud. Los norteños pensaban que los norteamericanos no deberían ser propietarios de otros seres humanos.

A Abe Lincoln se le recuerda como el presidente que inició el fin de la esclavitud. El es muy famoso por su Discurso de Gettysburg, el cual empieza así: "Hace cuatro veces veinte más siete años, nuestros padres fundaron en este continente una nueva nación…" El dio este discurso el 19 de noviembre de 1963 en el cementerio de Gettysburg, Pennsylvania. Muchos soldados murieron durante la Guerra Civil.

Abraham Lincoln fue presidente durante la Guerra Civil.

Juventud

Abe nació el 12 de febrero de 1809, cerca de Hodgenville, Kentucky. Sus padres fueron Thomas y Nancy Lincoln.

Abe fue a la escuela menos de un año. Pero leía muchos libros. Además, él trabajaba con su padre en la siembra de sus tierras. A la edad de 19 años, Abe consiguió trabajo en un barco de carga en Nueva Orleans. Por primera vez vio un mercado de esclavos negros.

Cuando tenía 22 años, Abe se mudó a Nueva Salem, Illinois. Ahí tuvo diferentes empleos. Su honradez en los negocios le logró el apodo de Abe el honrado.

La política le interesaba mucho a Abe. En 1834, fue electo a la legislatura de Illinois como "whig" (partido político). Ahí hizo su primera declaración contra la esclavitud.

Lincoln y su padre construyen una cabaña de troncos cerca de Farmington, Illinois.

Matrimonio y familia

Abe decidió ser abogado. El estudiaba sólo los libros de derecho y obtuvo su título de abogado.

En 1837, se mudó a Springfield, Illinois. Ahí conoció a Mary Todd, hija de un rico banquero. Abe tenía 33 años y Mary 23. Abe y Mary tuvieron cuatro hijos de su matrimonio. Sus nombres eran Robert, Edward, William y Thomas.

Abe trabajaba mucho como abogado. En esos tiempos, los jueces y abogados iban de pueblo en pueblo. El juzgado se instalaba cuando ellos llegaban al pueblo.

Abe llamaba mucho la atención porque era altísimo. Medía casi dos metros (seis pies y cuatro pulgadas).

Abe Lincoln se casa con Mary Todd el 4 de noviembre de 1842.

Abogado poderoso

En 1846, Abe fue electo al Congreso como diputado por Illinois. Cumplió un sólo período y decidió no presentarse a la reelección. Regresó a Springfield y se dedicó al derecho nuevamente.

Había mucha gente pobre. Ellos no podían pagar un abogado. Con frecuencia, Abe daba gratis sus servicios legales.

Él manejaba casos muy importantes. Trabajaba para las grandes empresas. Abe se convirtió en uno de los abogados más poderosos de Illinois.

Así Abe dejó la política por un tiempo. Pero el tema de la esclavitud hizo que volviera a la política. En 1854, Abe y otras personas estaban muy enojados con las acciones de varios legisladores. Esos legisladores querían dejar el asunto de la esclavitud en manos de los territorios.

Abe Lincoln se dedica al derecho en Springfield, Illinois.

Los debates

En 1858, Abe fue candidato al Senado de los Estados Unidos por Illinois. Su contrincante era Stephen Douglas. Douglas quería una ley para permitirles a los territorios decidir si querían ser estados libres o estados con esclavitud. Esta decisión la tomarían al convertirse en estados. Abe no quería que la esclavitud se extendiera fuera del Sur.

Abe retó a Stephen Douglas a una serie de siete debates. Mucha gente fue a oírlos.

Abe perdió la elección, pero esos debates lo hicieron famoso. Recibió muchas invitaciones para dar discursos. Mucha gente estaba de acuerdo con su posición en contra de la esclavitud. Ellos querían que Abe se presentara como candidato a la presidencia.

En 1860, Abe se presentó como candidato del Partido Republicano a la presidencia. Este era un nuevo partido político. Y estaba en contra de la expansión de la esclavitud. Abe ganó las elecciones y fue el presidente número 16 de los Estados Unidos.

Abe Lincoln retó a Stephen Douglas a unos debates.

Presidente de los Estados Unidos

Poco después que Abe fuera electo, 11 estados del Sur dejaron los Estados Unidos. Formaron la Confederación. Los estados de la Confederación querían decidir por sí solos permitir o prohibir la esclavitud. El resto de los estados del país se conocen como la Unión. Todos estos estaban contra la esclavitud.

La Unión y la Confederación se prepararon para la guerra. El 12 de abril de 1861, soldados confederados dispararon contra soldados de la Unión. Este fue el principio de la Guerra Civil en el Fuerte Sumter de Carolina del Sur.

Abe quería ganar la guerra para volver a unir al país. Pero también quería poner fin a la esclavitud.

El 1º de enero de 1863, Abe firmó la Proclamación de la Emancipación. Esta liberó a todos los esclavos de la Confederación. Más de 3 millones de personas quedaron en libertad.

Abe firma la Proclamación de la Emancipación el 1º de enero de 1863.

Segundo período

La Guerra Civil continuaba cuando Abe inició su segundo período como presidente. No era muy popular. Mucha gente lo culpaba de la muerte de sus esposos, hijos y hermanos en la guerra.

Abe sabía que era difícil que lo reeligieran. Pero permitió que los soldados regresaran a casa a votar. Fue electo así para un segundo período, en noviembre de 1864.

La guerra terminó el 9 de abril de 1865. Más de 600.000 personas habían muerto. Los soldados regresaron a casa. La esclavitud había terminado. Los Estados Unidos estaban unidos otra vez.

Abe fue candidato a la presidencia para un segundo período durante la Guerra Civil.

El asesinato

El 14 de abril de 1865, Abe fue al Teatro Ford de Washington, D.C., a ver una obra de teatro. La obra era una comedia, de título *Nuestra Prima Norteamericana*.

Durante la obra, un hombre llamado John Wilkes Booth entró a la parte del teatro donde se encontraba el Presidente. Booth le disparó a Abe por detrás en la nuca. Luego saltó al escenario y escapó.

Un doctor hizo que llevaran a Abe a un edificio en la calle de enfrente. El doctor no pudo retirar la bala. Abe murió a la mañana siguiente. Tenía 56 años.

Los funerales de Abe fueron en la Casa Blanca el 19 de abril. Al día siguiente, miles de personas desfilaron frente a su ataúd.

El 21 de abril, el cuerpo de Abe se llevó por tren a Illinois. El tren se detuvo en las grandes ciudades para que la gente pudiese dar sus condolencias. Abe fue enterrado en Springfield.

El tren funeral lleva el cuerpo de Abe de regreso a Springfield.

El recuerdo de Lincoln

Soldados del gobierno mataron a John Wilkes Booth el 26 de abril. Otros tres hombres y una mujer fueron también capturados. Se pensaba que eran parte del complot para asesinar al Presidente y fueron colgados.

Abe no siempre fue popular. Fue electo presidente con menos del 40 por ciento del voto total. Aún así muchos piensan que él fue uno de los mejores presidentes de los Estados Unidos.

Abe tenía una enorme fuerza interior. Cuando creía en algo, sabía convencer a los demás.

Abe siempre será recordado por haber ayudado a liberar a los esclavos y por reunificar al país después de la guerra.

Muchos piensan que Abe fue uno de los mejores presidentes de los Estados Unidos.

Palabras de Abraham Lincoln

"Mi objetivo soberano en esta lucha es salvar a la Unión, y no lo es salvar o destruir a la esclavitud. Si pudiera salvar a la Unión sin liberar a un sólo esclavo, lo haría, y si pudiera salvarla liberando a todos los esclavos lo haría; y si pudiera salvarla liberando a algunos y olvidando a otros también lo haría."

De una carta que Lincoln escribió a Horace Greeley, el editor del *New York Tribune*, el 22 de agosto de 1862. A medida que la guerra continuaba, el objetivo Lincoln cambió. Quería ganar la guerra para que todo mundo fuera libre.

"Si mi nombre llega a pasar a la historia, será por esta proclama, y mi alma va en ella."

Después de promulgar la Proclamación de la Emancipación el 1º de enero de 1863.

Fechas importantes en la vida de Lincoln

1809—Nace el 12 de febrero en Kentucky
1828—Ve por primera vez un mercado de esclavos en Nueva Orleans
1830—La familia Lincoln se muda al centro de Illinois
1834—Electo a la legislatura de Illinois
1842—Contrae matrimonio con Mary Todd
1846—Electo al Congreso de los EEUU
1858—Debates Lincoln-Douglas
1860—Electo presidente de los EEUU
1861—Inicio de la Guerra Civil
1863—Proclama de Emancipación
1864—Electo presidente para un segundo período
1865—Fin de la Guerra Civil; Booth asesina a Lincoln

Conoce las palabras

debate—discutir ambos lados de un tema
emancipación—liberar de la opresión o la esclavitud
política—el arte o ciencia de gobernar
territorio—parte de los Estados Unidos con legislatura propia y gobernador nombrado, pero sin categoría de estado
whig—partido político que operó de 1834 a 1856. La mayoría de los whigs del Norte se hicieron republicanos y los whigs del Sur demócratas

Más lecturas

Adler, David A. *Un libro ilustrado sobre Abraham Lincoln.* New York: Holiday House, 1992.

McNeer, May. *America's Abraham Lincoln.* Lakeville, Conn.: Grey Castle Press, 1991.

Weinberg, Larry. *The Story of Abraham Lincoln: President for the People.* Famous Lives. Milwaukee, Wis.: Gareth Stevens Publishing, 1997.

Direcciones útiles

Abraham Lincoln Association
Old State Capitol
Springfield, IL 62701

Friends of the Lincoln Museum
Abraham Lincoln Museum
Lincoln Memorial University
Harrogate, TN 37752

Center for the Study of the Presidency
208 East 75th Street
New York, NY 10021

Lincoln Heritage Trail Foundation
Post Office Box 1507
Springfield, IL 62705

Índice